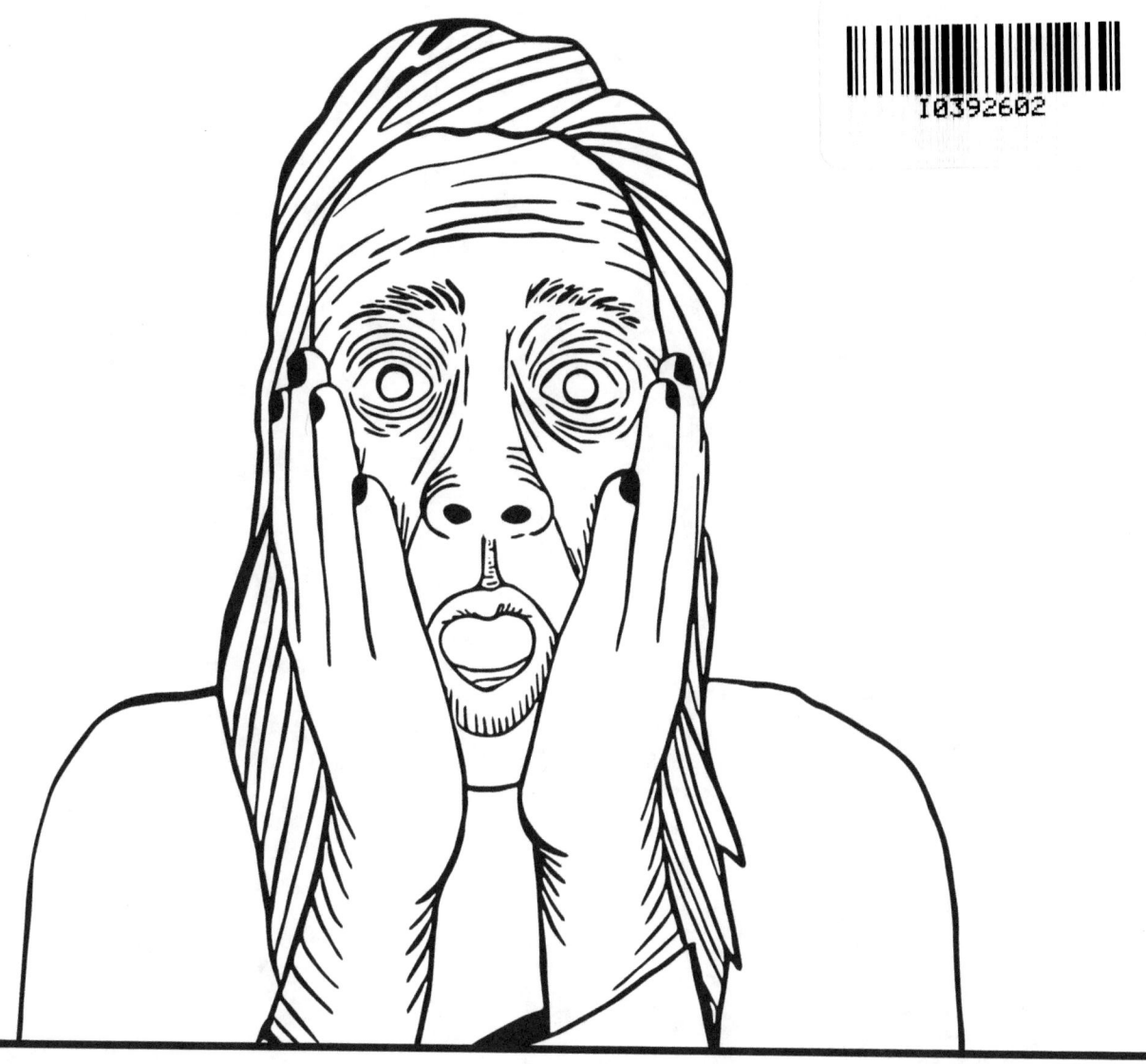

MOSTLY PHOBIC

an adult coloring book
featuring real and fake phobias

CONTENTS

Arachnophobia • Blennophobia
Coulrophobia • Dinophobia
Emetophobia • Epistaxiophobia
Francophobia • Gerontophobia
Hipstophobia • Ichthyophobia
Japanophobia • Judeophobia
Katsaridaphobia • Lachanophobia
Musophobia • Numerophobia
Ochlophobia • Ophidiophobia
Phasmophobia • Quailophobia
Ranidaphobia • Selachophobia
Trichopathophobia • Trypanophobia
Unicornophobia • Vehophobia
Wiccaphobia • Xenophobia
Yarnophobia • Zombiephobia

COPYRIGHT © 2016 BY EARL FERRER • ALL RIGHTS RESERVED • ISBN-13: 978-1539395140

Arachnophobia

Blennophobia

Coulrophobia

Dinophobia

Emetophobia

Epistaxiophobia

Francophobia

Gerontophobia

Hipstophobia

Ichthyophobia

Japanophobia

Judeophobia

Katsaridaphobia

Lachanophobia

Musophobia

Numerophobia

Ochlophobia

Ophidiophobia

Phasmophobia

Quailophobia

Ranidaphobia

Selachophobia

Trichopathophobia

Trypanophobia

Unicornophobia

Vehophobia

Wiccaphobia

Xenophobia

Yarnophobia

Zombiephobia